d'une fois passer et repasser, dans notre cœur, la figure vénérée de notre ancien maître, nous nous sommes pris à fixer, nous aussi, au triple point de vue du *Professeur,* de *l'Homme de lettres,* et du *Directeur de Revue,* les traits les plus arrêtés de cette physionomie si respectable. Mais, que le lecteur en soit averti, nous ne lui présentons pas notre œuvre pour qu'il la mette en parallèle avec une étude déjà publiée. Ce n'est ni un médaillon en relief, ni un buste de marbre que nous avons la prétention d'exposer aux yeux du public: ce sont trois modestes photographies échappées de notre album que nous présentons aux amis, aux anciens élèves, aux parents de M. Lacointa.

FÉLIX LACOINTA

Professeur, Homme de lettres et Directeur de Revue

ÉTUDE PHILOSOPHIQUE ET LITTÉRAIRE

PAR

M. EDMOND PY

PROFESSEUR D'HISTOIRE A L'ÉCOLE DE SORÈZE.

CASTRES

Imprimerie de veuve Grillon, A. Terrisse et I. Fabre.

—

1868

Félix **LACOINTA**

PROFESSEUR, HOMME DE LETTRES ET DIRECTEUR DE REVUE

Voilà près d'un an, déjà, que M. Lacointa n'es[t]
plus ; mais l'oubli ne s'est pas étendu sur sa tombe.
On se souvient encore des regrets unanimes qui lu[i]
furent donnés à Toulouse et à Sorèze. Quinze jour[s]
après les funérailles, le numéro de septembre de l[a]
Revue de Toulouse arrivait aux abonnés tout encadr[é]
de noir. Cette livraison consacrait ses premières page[s]
à rendre un hommage bien mérité à la mémoir[e]
de l'homme de lettres que le Midi venait de perdre.
Le comité de rédaction, se servant d'une main qu[i]
tremblait encore d'émotion, s'était plu à retracer u[n]
portrait saisissant du maître disparu. Ce portrait fu[t]
une médaille artistement et rapidement frappée ; ell[e]
est restée chère aux indifférents comme aux amis.
Il nous a semblé, néanmoins, que ce témoignag[e]
commémoratif ne suffisait pas ; et, en voyant plu[s]

I

LE PROFESSEUR.

Avant de professer à Sorèze, M. Lacointa avait fait
ses débuts dans la pédagogie. Ce fut sur les excel-
lentes recommandations de M. Courvoisier, alors
Procureur-Général près la Cour Royale de Lyon,
et de M. le Marquis de Catelan, Pair de France,
que M. Ferlus, directeur de l'école de Sorèze, l'ap-
pela auprès de lui. L'enseignement des belles-lettres
françaises était réservé au nouveau maître. Cet enseignement, comprenait les cours de *Poésie lyrique
et didactique* correspondant à la classe de troisième,
de *Poésie dramatique* à la classe de seconde, de
Poésie épique à la rhétorique, et d'*Eloquence* à la
philosophie. Ce n'était pas, comme on le voit, une
mince et facile besogne pour un jeune homme de
vingt-cinq ans, pour celui qui était appelé à remplacer le vénérable M. Cavaille, ce littérateur qui,
avec M. Laïrle, professeur de philosophie, M. Serres,
professeur de mathématiques, avait contribué à tres-
ser la brillante couronne du vieux Sorèze. C'était
M. Cavaille, intimement attaché de cœur et d'esprit
à Raymond-Dominique Ferlus qui, de concert avec
cet éminent directeur, avait consacré à Sorèze cette
heureuse et féconde union de la science et de l'art,
de la pensée et de la forme. Au lieu d'employer des
heures à la froide récitation de préceptes arides,

taillés à coups de ciseau la plupart du temps dans Marmontel ou Lebatteux, sèches théories qui ne laissent rien dans la mémoire et énervent l'esprit, M. Cavaille qui aurait pu tenir à Paris la plume du critique Geoffroy, se trouvait heureux de former largement le goût de ceux qui allaient être des hommes. Pour cela, il se plaisait à lire dans chacun de ses cours, les plus remarquables passages de nos plus grands poètes et de nos premiers prosateurs. Corneille, Racine, Molière, Lafontaine, Boileau, Bossuet, Fénélon, Fléchier, Massillon, tous les classiques du XVIIe siècle, étaient étudiés tour à tour dans leurs chefs-d'œuvre, d'une façon ample et large, de manière à intéresser le jeune auditoire, mais en même temps en lui faisant saisir les beautés du style, la profondeur ou l'enchaînement des pensées.

A M. Cavaille, succéda un instant M. Emile Barrault, l'un des plus brillants apôtres de l'école saint-simonienne, esprit ardent et novateur et qui, par cela même, ne fut pas sans une utile influence à Sorèze.

A peine M. Lacointa eut-il accepté ce double héritage, qu'il fut jugé digne d'en supporter glorieusement le poids. Le salon des dames Ferlus et de Bernard, salon où avait été transplantée comme une dernière bouture, la fleur de la causerie élégante du XVIIIe siècle, eut bientôt apprécié l'homme d'esprit et l'homme du monde, comme la chaire classique de la cour des collets-rouges révélait en même temps aux élèves le maître capable, le professeur zélé, le littérateur brûlant d'enthousiasme.

C'était dans les dernières années de la Restaura-
tion, dans ces jours d'ardente liberté où fermen-
tait à la fois le triple monde des idées, idées re-
ligieuses, idées sociales, idées artistiques. Toutes
les âmes, tous les cœurs, tous les esprits étaient en
travail. Au lieu de. fixer un regard anxieux sur les
opérations de la Bourse, alors bornées presque aux
seules oscillations du cinq p. o/o et du trois p. o/o qui
était encore à son berceau, l'homme mûr et le jeune
homme, la génération assise, et celle des arrivants
se demandaient sincèrement, où est le vrai? où est
le bien? où est le beau ! Ce n'était pas une contem-
plation oiseuse, une recherche indécise; chacun prenait part à l'action, chacun se jetait ardemment dans
la lutte. Et la société toute entière ballotait incertaine
entre deux pôles opposés, l'autorité et la liberté, en
proie à deux souffles, celui de la tradition et celui
de la renovation. Mais, contradiction bizarre ! contradiction qui montre combien l'accord entre les
deux principes, l'équilibre entre les deux pôles serait
nécessaire à notre nature, ceux qui voulaient la
révolution en politique étaient fortement ancrés sur
l'autorité en littérature et ceux qui au contraire regardaient le *trône* et *l'autel* comme les deux colon-
nes destinées à soutenir tout l'édifice social étaient les
apôtres de la *rebellion* contre les règles traditionnel-
les et l'antique législation du *Parnasse.* D'un côté, les
rédacteurs classiques de la *Minerve,* du *Censeur,* du
Courrier, du *Constitutionnel,* les Jay, les Tissot, les
Jouy, les Etienne, les Arnault, les poètes de la so-

ciélé Merilhou, les convives du Palais-Royal, Casimir Delavigne, Béranger, Viennet, restaient fidèles *quand même* au balancier de l'hémistiche, aux *trois unités*, à l'arche sainte du *Temple du Goût*. Dans l'autre camp, les chantres de la Vendée, du sacre de Charles X, les pieux restaurateurs du moyen-âge, Lamartine, Victor Hugo, les deux Deschamps, Sainte-Beuve, de Resseguier, tous fils littéraires du monarchique Châteaubriand, étaient les chefs ou les lieutenants d'une croisade révolutionnaire, le *Romantisme*.

Quoique rivé au pied de ses montagnes, quoique presque placé aux confins de l'Espagne, Sorèze, même au temps des difficiles communications, a toujours représenté, et parfois même devancé les idées dominantes de chaque époque. Au milieu du dernier siècle, au moment où Diderot et d'Alembert publiaient les premiers volumes de l'encyclopédie, Dom Fougeras, fondait dans l'abbaye de Sorèze, un plan d'études où les sciences naturelles et physiques apparaissaient pour la première fois dans l'enseignement scolaire. Quand se leva l'ère à jamais mémorable de 89, Dom Despaulx, léguait à la France, qui allait en avoir besoin pour la défense de ses nouveaux principes, toute une légion sacrée d'hommes de guerre aussi instruits que braves. Sous Raymond Ferlus, en 1828, Sorèze se trouvait à l'avant-garde des libéraux qui devaient amener 1830. Mais l'anomalie signalée plus haut entre les idées littéraires et les idées politiques était aussi frappante dans les murs d'un collége qu'elle l'était dans ceux de la capitale. Comme An-

drieux, son ami, M. Ferlus cultivait jusqu'au féti-
chisme le *conte* et le *discours en vers*, et M. Cavaille, comme Tissot, pensait que Voltaire était pour
jamais notre dernier tragique, et Delille notre dernier poète ! M. Lacointa fut entraîné par la logique
naturelle à la jeunesse. Il osa rompre, en face, avec
la tradition toute-puissante, laissée par ses devan-
ciers, et opérer audacieusement une vraie révolution
dans la chaire des belles-lettres soréziennes. Le jeune
professeur greffa l'un des premiers sur la charte du
libéralisme politique, le *libéralisme dans l'art*. A l'admiration, jusques-là exclusive des classiques du
XVIIe et XVIIIe siècles, il ajouta celle que font naître
aussi les chefs-d'œuvre du romantisme. Corneille
ne fut plus mesuré avec le compas étriqué de son
commentateur jaloux ; Racine ne fut plus jugé sur
le réquisitoire minutieux de Laharpe, et Voltaire
encensé selon le rite fanatique de Joseph Chenier.
Les grands maîtres furent présentés sous un nouveau jour et analysés d'après les procédés de la critique nouvelle, inaugurée par Villemain en France,
et les Schlégel en Allemagne. A l'examen de la vie
et des ressources de chaque auteur, était adjoint le
tableau saisissant du milieu et de l'époque où avait
été conçue son œuvre. Puis venait la contempla-
tion de l'œuvre elle-même, scrutée, sondée, ana-
lysée dans ses muscles, ses articulations, le jeu de
tous ses ressorts, la fermeté et l'éclat de ses chairs.
Ces leçons se déroulaient en improvisations chaleureuses et nuancées. Ajoutez à cela la lecture de l'ou-
vrage, lecture faite d'une voix pleine et sonore : parole

vibrante, purs accents, gestes rares, mais énergiques, qui semblaient apporter aux voûtes d'une simple salle de collège quelque chose de l'interprétation superbe, dont nos chefs-d'œuvre étaient alors l'objet au Théâtre-Français, et vous aurez une idée du charme saisissant qu'un pareil enseignement dut opérer sur la nombreuse jeunesse de Sorèze. Elle fut entraînée, subjuguée, et les vieux classiques le furent semblablement dans les soirées de M. Ferlus. Mais, ô surprise ! c'est là que fut le coup de théâtre, le jeune maître osa lire la belle pièce des portraits d'*Hernani* à son apparition, comme il aurait lu une scène du Cid ou une scène de Cinna. Il osa préférer les *Méditations* de Lamartine et ses splendides *Harmonies* aux froides poésies lyriques de Jean-Baptiste Rousseau. Il remplaça, dans la mémoire de ses élèves, l'*Ode à la Fortune* par celle sur l'*Enthousiasme* et les mythologiques stances au comte du Luc, par les sublimes strophes sur Napoléon II. Ah ! nul de ceux qui étaient sur les bancs à cette époque, nul n'a jamais oublié le frisson qui parcourut la classe lorsque le maître tant aimé, traduisit avec un geste sublime et un cri poignant, cette admirable image :

« Oui, l'aigle, un soir, planait aux voûtes éternelles,
« Lorsqu'un grand coup de vent lui cassa les deux ailes :
« Sa chûte fit dans l'air un fondroyant éclair.

Le grand poète eut été plus fier encore de son œuvre s'il avait pu entendre cette lecture et les applaudissements qui la suivirent.

L'impression en fut tellement profonde, même sur la nature si mobile de ces jeunes gens, qu'à la leçon suivante, M. Lacointa trouvait inscrit à la craie sur le grand tableau en ardoise : « Vos élèves vous seraient « bien reconnaissants si vous aviez la bonté de relire « *Napoléon II.* »

Il ne faudrait pas croire, pourtant, que les classiques fussent dès ce jour-là sacrifiés ou négligés. Loin de là, au cours de *dramatique,* chaque tragique était étudié à son tour, et Voltaire lui-même aussi bien que Corneille et Racine. On n'a pas oublié avec quel ton noble et simple étaient dits ces beaux vers de Nérestan dans Zaïre :

Respectable ennemi qu'estiment les chrétiens,
Je reviens dégager mes serments et les tiens.
J'ai satisfait à tout, c'est à toi d'y souscrire, etc.

Le lecteur l'a compris par cet exposé. C'était sur la *critique des beautés,* qu'insistait principalement ce nouvel enseignement : beautés des caractères, beautés des situations, beautés des sentiments, beautés du langage. Quant à la critique des chevilles, des images forcées, des termes déclarés peu nobles, la critique du : *Tout beau, Pauline !* du : *Qui l'eût dit !* et du : *Qui l'eût cru !* M. Lacointa ne s'y arrêtait guère, et il faisait bien.

En attachant l'attention de la jeunesse sur ces taches, on resserre son cœur et l'on rend son esprit étroit : à l'admiration native qu'inspirent les nobles sentiments, admiration qui provoque de généreux efforts, succède une timide défiance, voire même, le goût de la raillerie. Non, M. Lacointa ne fut pas affligé du strabéïsme littéraire ; il ne passait pas des heures à soupeser des *œufs de mouche dans une toile d'araignée.* — Mais alors, nous dira-t-on, comment apprenait-il aux jeunes gens la correction du style ? — Il y avait pourvu. La pureté du langage était, même à ses yeux, le premier palladium de son culte littéraire, un des aspects les plus caractéristiques de son enseignement, et c'est par le soin qu'il y donnait, que se terminait le cours des belles-lettres.

Sous M. Ferlus et de Bernard, comme aujourd'hui, du reste, sous la direction heureuse du R. P. Mourey, l'école de Sorèze avait le privilége d'inspirer à ses élèves un attachement invincible. Après avoir conquis les diplômes universitaires, la majeure partie de ces jeunes gens ne regardaient pas leurs études comme parachevées à l'aide d'une année de philosophie au bout de leurs humanités. Ils revenaient au collége jusques à leurs vingt ans, heureux de converser ensemble aux heures de récréation, sous les grands cloîtres qui les avaient vus grandir et fiers de s'asseoir encore sur des bancs où ils goûtaient depuis longtemps les leçons de leurs maîtres. Pendant que le bon M. Serres, dont M. Dumont nous rend aujourd'hui le talent avec la même modestie, achevait d'initier ces vétérans aux profondeurs des sciences mathématiques, M. Lacointa continuait d'entretenir le feu sacré des lettres dans ces jeunes intelligences. L'équilibre était sauvegardé pour jamais, entre toutes leurs facultés, et ce n'eût pas été un des nombreux élèves de Sorèze, admis à l'Ecole Polytechnique, qui eût demandé, comme certain savant du dernier siècle, au sortir de la représentation d'Athalie : Qu'est-ce que ça prouve ? — Or, c'était parmi ces grands jeunes gens, que sans jamais étouffer, ni même refroidir l'inspiration, le professeur de littérature faisait sentir dans sa synthèse esthétique tout le prix de la correction, toute la valeur de la pureté dans le style. La classe d'éloquence était accompagnée d'une profonde étude sur la *Grammaire*. La science du langage vrai, juste et clair, était enseignée à la craie sur le tableau noir comme l'étaient de leur côté la science des nombres et celle des lignes, ou bien encore celle de la mesure des corps.

Ce qu'on avait appris enfant, d'une façon superficielle et routinière le plus souvent, s'expliquait, s'élucidait, en un mot était *démontré*. Le jugement se rendait compte pour jamais de ce que la nature, l'habitude ou la mémoire avait enraciné dans l'esprit. Les auteurs appris, admirés, aimés déjà par le cœur, devenaient plus chers encore, du moment où ils révélaient ainsi la portée et le vrai sens des mots, la justesse des accords, la force des tours, les secrets d'une sobre élégance.

A ce travail sérieux, et pourtant non dépourvu d'intérêt, s'ajoutait une fois par semaine une composition en vers français. Cette mesure, M. Lacointa

l'avait trouvée établie dans l'école : il la conserva
parce qu'elle lui sembla très-profitable. Ce n'est pas
qu'il voulût, ni qu'il espérât faire un poète de chaque élève. Certainement non : il savait très-bien
que la versification n'est pas la poésie : mais il pensait que cet exercice apporte ses résultats. La pensée
ne perd rien en entrant dans un vers : elle y gagne
le plus souvent en force et en relief, quand le vers
est frappé au coin Cornélien. De plus, avant de fixer
l'idée sous cette forme inaltérable et expressive, sous
combien de formes, toutes différentes d'aspect ou de
nuance, ne s'est-elle pas présentée à l'esprit, quand
surtout le versificateur est novice ? Ces efforts,
croyez-le bien, reproduits avec mesure, ne sont pas
peine perdue pour le développement du plus grand
nombre des intelligences. Ce fut, peut-être, cette
habitude scholastique, générale à cette époque, qui
fit que la France fut, un moment, réellement éprise
de poésie. C'est grâce à cet amour des vers que l'on
vit alors les hommes et les jeunes gens lutter avec
tant de passion pour les œuvres de l'esprit. Il y avait
quelque chose du fanatisme qui enflammait les artistes de l'Italie dans les différentes écoles du XVIe
siècle. En ces jours heureux on s'amusait d'une bal-
lade ; on combattait presque pour un drame, comme
au siècle des Médicis ; on eût tiré l'épée pour la prio-
rité de l'Arioste ou du Tasse ; on eût joué de la
dague pour une toile d'André del Sarto ou une sta-
tue de Benvenuto. M. Lacointa, ardent, généreux,
noblement épris de la passion du beau, avait été un
des maîtres dont le cœur avait battu avec la plus

vive espérance au lever radieux de l'art nouveau.
Mais, quand le romantisme fut tombé dans l'excès,
quand la liberté fut changée en licence, il en con-
damna les abus et en signala les écarts. Il enseigna
toujours que la raison ne doit jamais abandonner
les guides de l'enthousiasme, et que le bien est la
source inépuisable de l'inspiration. Il avait ouvert
en 1826, ses leçons à Sorèze, par l'analyse des premiers chefs-d'œuvre de Victor Hugo, il les termina
en 1840, en faisant admirer à ses élèves, non plus
les dernières œuvres théâtrales de l'auteur d'*Her-*
nani, mais les scènes simples et touchantes de la
Fille du Cid, cette sage combinaison de l'école classique et de l'école coloriste, due à la plume élégante et correcte de Casimir Delavigne, qui présa-
geait la faveur qu'allait obtenir bientôt la *Lucrèce*
de Ponsard.

Ce professorat avait duré quatorze ans. Lacointa
pouvait se retirer avec un renom justement acquis.
Quatre volumes in-8º de compositions littéraires,
pages nombreuses et variées, bien au-dessus de
celles qui s'écrivent d'ordinaire sur les bancs du
collége, attestaient au public et aux familles les
résultats obtenus. Sans compter qu'il léguait à la
France, à l'Espagne et aux deux Amériques, près
de deux mille jeunes gens, venus tour à tour se
nourrir de sa parole et de ses conseils; tous sachant
écrire avec éclat, ou du moins avec convenance et
fournissant en eux de vrais connaisseurs au réper-
toire du Théâtre-Français et des lecteurs intelligents

aux œuvres de mérite, lecteurs qui ne se laisse-
raient point surprendre par les insinuations de la
critique ou les mensonges de la *réclame.*

Chargé, par interim, de la classe de rhétorique
au lycée de Toulouse, le professeur sortant d'une
école libre, apporta dans la chaire universitaire le
même zèle et le même talent. A la fin de cette trop
courte, mais brillante campagne, M. Thuilier, rec-
teur de l'Académie, lui adressait une lettre de fé-
licitation. Lacointa devint alors chef d'institution.
Malgré les fatigues, les soins, les soucis qu'impose
une pareille charge, l'ancien maître ne put se ré-
soudre à se priver d'enseigner lui-même. Le ques-
tionnaire du baccalauréat durant ces années-là exi-
geait de lourds et d'indigestes manuels. Lacointa
sut concentrer ses leçons dans de simples cahiers
et de petits résumés ; mais tout simples, tout petits
qu'ils étaient, ces cahiers, ces résumés portaient empreinte la griffe du maître. Qu'était-ce que tout cela ?
Comme il fallait de l'air à sa large poitrine, il fallait
à son esprit un enseignement qui pût franchir de
puérils questionnaires et des programmes étroits.
Il avait établi un cours spécial où se déployait à
l'aise son apostolat littéraire. A la fin de la journée
classique, dans la salle, dite de l'amphithéâtre, élèves internes et élèves libres, étudiants dans les lettres ou dans les sciences accouraient à ce cours et
se faisaient un égal plaisir d'y assister avec fidélité.
Ceux qui n'ont pas oublié quelle est la soif ardente
de liberté qui dévore la jeunesse à cet âge, pourront

constater par ce fait, toute la valeur de ce triomphe
du professorat. En voyant cette foule de disciples,
le zèle qu'ils manifestaient, l'admiration qu'ils laissaient éclater, on eût dit ressuscitée parmi nous,
une de ces brillantes écoles de Rhodes ou d'Alexan-
drie dont les maîtres étaient aimés jusqu'à l'idolâtrie.
Car ce n'était pas seulement le talent d'exposition,
ni la chaleureuse lecture des chefs-d'œuvre com-
mentés qui attirait et charmait ces jeunes esprits;
la bonté de M. Lacointa lui gagnait tous les cœurs.
Aussi, ceux qui avaient été ses élèves, à Sorèze ou
à Toulouse, qu'ils fussent devenus députés, chefs
du personnel au ministère, officiers supérieurs, avocats généraux, premiers présidents, ambassadeurs,
ministres, ou qu'ils fussent simplement restés à sur-
veiller les travaux de leur champ paternel ou les
fabrications de leur usine de famille, tous recher-
chaient-ils l'occasion de lui témoigner l'attachement
qu'il avait su leur inspirer. Chaque année le comité
des anciens sorèziens, l'invitait par une lettre spé-
ciale, au banquet qui les réunit à Paris; mais re-
tenu à Toulouse par son travail incessant, le professeur d'éloquence ne put jamais aller y prendre
part. Il se contentait de suivre, de loin et avec bonheur, les étapes glorieuses de ceux dont il avait
guidé les premiers pas.

Sorèze, néanmoins, attirait ses yeux avec attrait,
Sorèze qui lui rappelait de chers souvenirs et ses
premiers succès. Comme son cœur battit, quand
il apprit que le Père Lacordaire allait prendre la

direction de cette école bien-aimée ! Dans un chaleureux article, écrit pour le *Journal de Toulouse*, il salua avec une joie qui débordait, cette heureuse alliance du Père *Lacordaire* et de *Sorèze !* C'était son programme idéal complétement réalisé : les principes de 1789 et le catholicisme se donnant la main d'un côté, et de l'autre le bon sens et l'imagination, Racine et Victor Hugo, le goût classique et le romantisme se fusionnant dans une saine et heureuse harmonie. Dès ce jour, M. Lacointa revint avec amour dans les murs de cette école ; et, en allant y visiter l'illustre dominicain, qui avait là fixé son tabernacle, il dut lui dire plus d'une fois : « Votre patrie est ma patrie et votre Dieu sera mon Dieu ! » M. Lacointa a scellé par deux fois, la première solennellement, et la seconde irrévocablement son union intime avec le nouveau Sorèze. D'abord il vint prendre la place qui lui était due à la fête mémorable de 1857. En ce jour, où était célébré la commémoration séculaire de la fondation du collége, un toast fut porté par M. Gau, alors professeur de philosophie, aux maîtres de l'ancienne école. M. Lacointa y répondit en rappelant avec une juste satisfaction ce qu'avait été le passé, et en saluant les heureux augures qui faisaient entrevoir le Sorèze de l'avenir. Depuis, hélas ! — c'est là son second et inaltérable scellé — il est venu pour y prendre possession du pan de terre, où il avait souhaité pour sa cendre le repos de ce paisible vallon et le souvenir pieux de ses parents et de ses amis.

II

L'HOMME DE LETTRES

Lacointa ne se borna pas à interpréter éloquemment les modèles des maîtres et à diriger la plume hésitante encore de grands jeunes gens. Creuser dans les esprits le sillon dans lequel, suivant son expression, il jetait le grain de blé qui germe et fructifie, et non le grain de poudre qui fait sauter les villes, n'était pour lui qu'un agréable travail. Pour si absorbant qu'il fût, ce travail ne suffisait pas à son activité. Félix Lacointa aimait à penser, en dehors de ses livres, et il composait à ses heures. Comme les illustres professeurs de Port-Royal, ou mieux, les modestes régents de la vieille université de Paris dont il se plaisait à retrouver les images dans quelques-uns de ses collègues, à Sorèze, quand il en rendait lui-même le vivant portrait, il resserrait, nous l'avons déjà dit, dans des précis succincts, clairs et méthodiques les éléments de littérature ou de philosophie, et les diverses périodes de l'histoire. Si les circonstances l'eussent appelé à professer dans un centre aussi important que celui de la capitale, ses résumés fussent devenus peut-être populaires, comme ceux de son ancien condisciple et ami, M. Gérusez (1). Mais non, ce

---

(1) L'ancien maître de conférences à l'Ecole normale supérieure, professeur suppléant d'éloquence à la faculté de Paris, écrivait

n'est pas en des traités scolaires que consistent ses publications.

Lacointa était entré dans les lettres en tenant à la main un récit détaillé du *Sacre de Charles X ;* cette cérémonie fameuse, tant célébrée par les uns et si ridiculisée par les autres. Libéral, selon la charte, il participa, dans sa jeunesse, à la rédaction d'une *Minerve* de province. — Quand il eut quitté Sorèze, il donna régulièrement, tantôt dans le *Journal de Toulouse,* tantôt dans l'*Aigle du Midi,* l'analyse du cours de M. Fortoul, ainsi que des articles littéraires sur différents sujets, entr'autres, une étude critique sur l'*Epopée Toulousaine* de M. Florentin Ducos, l'*Eglise des Jacobins,* l'*Ecole de Sorèze* et le *Père Lacordaire;* des notices sur M. *Dutour,* M. *de Bernard,* M. *Fortoul,* etc.; des *discours* prononcés dans son institution, *Lettres aux pères de famille,* etc.

Toutes ces pages, pour si courtes qu'elles soient, sont des œuvres *finies.* Dans l'étude critique sur l'*Epopée Toulousaine,* M. Lacointa ne voulut peut-être pas rompre en visière avec les traditions et le goût de MM. les immortels des *Jeux-Floraux,* autrement dits *Mainteneurs.* Aussi, cette étude se

<hr>

à la date du 5 juillet 1862, à M. Lacointa, ancien professeur d'éloquence à Sorèze, une lettre cordiale, qui débute par ces lignes : « Monsieur et cher condisciple, je suis très touché de votre bon « souvenir ; je vous en remercie du fond du cœur. Je n'ai pas ou- « blié les bonnes années que nous avons passé de compagnie entre « les mêmes murailles ; elles sont bien éloignées ; la destinée qui « nous a séparés, nous laisse cependant unis par la communauté « de fonctions et de goûts. Vous êtes comme moi secrétaire de « Faculté, vous cultivez et vous aimez les lettres ! etc...

rapproche-t-elle, en un certain point, de celle que Voltaire plaça en tête de son *Henriade*. On dirait, parfois, un chapitre exhumé des éléments littéraires de Marmontel. C'est l'opuscule du maître vers lequel je me sens le moins entraîné. En revanche, j'applaudis sans réserve aux fragments sur l'*Eglise des Jacobins*, véritable petit chef-d'œuvre ou l'inspiration, la rêverie poétique s'unissent à la science de l'archéologue et s'expriment tour à tour comme avec le ciseau et le pinceau d'un artiste. J'admire avec le même plaisir la lettre sur l'*Ecole de Sorèze* et la *Nécrologie de M. de Bernard*.

L'œuvre à laquelle Félix Lacointa voua toute son âme, pour laquelle il déploya toute l'activité de son esprit et prodigua toutes les ressources inépuisables de ses connaissances, c'est la *Revue de Toulouse*. Là, lui appartiennent en propre fonds une foule d'articles qui dépassent de beaucoup le nombre de ceux qui lui furent fournis par de plus féconds collaborateurs : *Etudes, comptes-rendus, notices biographiques* ou *nécrologiques, chroniques, lettres toulousaines, médaillons,* sont autant de pages variées à l'infini qui, réunies en faisceau, formeraient de nombreux volumes in-8°. Tous ces écrits, attestent qu'à part les vertus, par-dessus tout estimables, qui font l'homme de bien, F. Lacointa possédait les qualités qui constituent un maître dans l'art d'écrire. Car il avait du style, et un style dont la physionomie était accentuée. Il n'était nullement besoin d'arriver à la signature d'un de ses articles pour savoir de qui il émanait. Lorsque je cherche à analyser les traits de son langage, il me semble y retrouver l'heureuse fusion de la gravité du grand siècle et de l'aménité du nôtre. La justesse de l'expression, l'amour de la règle, le *lucidus ordo* n'empêchent pas la sève de circuler, la passion de se faire sentir, l'âme en un mot de rayonner. — Si l'éclectisme n'a guère duré en philosophie, il règne généralement partout aujourd'hui en littérature. Il n'y a plus de *romantiques échevelés*, ni de *classiques rococos*. Tout écrivain intelligent cherche à réaliser ce que Lacointa essaya l'un des premiers. De l'alliage fait avec le cuivre des uns et l'étain des autres, il est résulté un bronze solide bien capable de garder pour jamais l'empreinte de la pensée. Or, c'est dans ce métal dur et sonore qu'a été coulée l'œuvre modeste du rédacteur en chef de la *Revue de Toulouse*. Relisez les lignes vibrantes sur la mort du jeune Camayou. Ce que je vais vous dire vous paraîtra étrange ; mais en écoutant bien, vous distinguerez, comme moi, dans le son de cette phrase deux timbres de nature opposée et qui cependant se sont harmonieusement fondus en un, quelque chose de la voix de Victor Hugo et de celle... de Fénélon, un écho lointain des *Paroles d'un Condamné* et des plaintes de Phalante sur la mort d'Hippias. Je cite :

« Ainsi, de tant de talent, de tant d'avenir, de
« tant de jeunesse, que nous reste-t-il aujourd'hui ?
« Rien. Jeunesse, talent, avenir, la tombe a tout

« dévoré. Hélas ! à voir la figure pâle de ce jeune
« homme, son front plissé par la réflexion, son
« corps délicat, il était aisé de reconnaître que sa
« grande âme souffrait, qu'elle étouffait sous cette
« frêle enveloppe. Puis, les hommes de cette trempe
« vivent plus vite que nous ; Camayou était vieux
« à vingt ans ! — Infortuné jeune homme ! tu es
« passé comme un météore, mais tu as laissé après
« toi un sillon lumineux ! »

Je transcris au hasard une phrase sur l'*Eglise des
Jacobins*. Voyez, s'il n'y passe pas comme un reflet
de *Notre-Dame de Paris*, mêlé à un rayonnement
de l'auteur de *Télémaque* et de la *Lettre à l'Académie* :

« Les arcades forment une multitude de courbes
« gracieuses autour de l'édifice, et les fenêtres qui
« occupent un tiers de l'espace d'un pilier à l'au-
« tre s'élancent de l'arcade du rez-de-chaussée jus-
« qu'aux combles... Mais les vitraux coloriés qui
« laissaient pénétrer dans l'église une douce lumière,
« les meneaux découpés en trèfle, en festons au
« sommet des fenêtres, les peintures murales qui
« ornaient les côtés des contre-forts extérieurs, tout
« a disparu. Les peintures sont enfouies sous le
« plâtre et le mortier. Mais, comme ces fleurs d'hi-
« ver qui percent à travers les frimats, ces pein-
« tures ont soulevé la couche de maçonnerie qui
« les recouvrait et laissent voir leurs couleurs en-
« core vives et brillantes. »

Voulez-vous quelque chose de plus mouvementé,

une ciselure où l'on sente, pour ainsi dire, l'émotion de la main qui la creusa : « Oui, dit-il, dans un discours prononcé dans son institution, à So« rèze un maître perdait son individualité ; une « fois entré dans l'école il lui appartenait corps et « âme ; il vivait de sa vie, c'est-à-dire de ses joies, « de ses peines, de ses succès, de ses revers. L'é« cole était sa patrie, la montagne son horizon. Il « ne voyait, il ne désirait rien au-delà. Il restait à « Sorèze, il y vieillissait, il y mourait. »

Quand on lit ces lignes on n'est plus surpris de ce que, vingt ans après l'époque où il les écrivait, Lacointa ait manifesté comme un de ses plus chers désirs que sa dépouille fût transportée au pied de la montagne qui avait été pour lui sa terre de Sichem.

Tel fut donc l'écrivain. Mais, néanmoins, ce qui nous semble la partie la plus parfaite, la plus vivante de ses écrits, celle où s'accuse le plus fortement le relief de sa personnalité littéraire, ce sont les *Chroniques*. Chaque livraison de la *Revue*, portait une page, la dernière de toutes, toujours intéressante, toujours aiguisée d'esprit ou tempérée de sentiment. C'étaient les événements du mois présentés avec une brièveté piquante ; des jugements esthétiques avec concision et délicatesse ; des admirations chaleureuses sobrement manifestées. En glanant tous ces épis dispersés, on en formerait une riche gerbe qui donnerait du froment le plus pur.

Un professeur de l'Université descendit, il y a trente ans environ, de sa chaire pour se livrer, sans réserve, à la littérature militante; sans réserve est de trop, car suivant sa fantaisie nous l'avons vu depuis hier, pêcheur à Etretat, aujourd'hui jardinier à Nice. Quoi qu'il en soit, son nom ne tarda pas à devenir un des plus aimés du public, sous le gouvernement de juillet ; et cela, grâce surtout à la publication régulière d'une spirituelle *Chronique*. Ce recueil s'appelait les *Guêpes*. Eh bien ! les *Chroniques* de Lacointa pourraient fort justement se nommer, elles, les *Abeilles ;* car leur butin mensuel était un miel tout parfumé et délicieux à savourer. C'étaient bien des *Abeilles*, en effet, ardemment occupées à leur besogne utile et pacifique, tout en sachant qu'elles avaient un dard, un dard aigu : mais elles ne s'en servaient que dans les cas de légitime défense !

III

LE DIRECTEUR DE REVUE

Il n'est pas de personne lettrée, résidant dans le bassin de la Haute-Garonne ou le versant méditerranéen du Languedoc, qui n'ait eu connaissance de la *Revue de Toulouse*. Cette publication était même reçue et goûtée en Provence, à Lyon, à Paris ; que dis-je, elle franchissait nos frontières nationales et trouvait accès à Oxford, à Stockholm, à Varsovie, aux Antilles ! Malgré ce succès, ce recueil périodique n'était pas maintenu dans un espoir de gain. Jusques au bout il imposa à M. Lacointa de larges sacrifices. La *Revue* ne fut pas non plus imaginée pour servir de piédestal à son fondateur. L'ancien maître ne chercha pas même à remplacer par elle la chaire d'où il était descendu. Il en fit une sorte de salon littéraire où, en excellent maître de maison, il distribuait les places selon le mérite, mettant tous ses soins à faire briller l'esprit de chacun, sans songer au sien propre, tout heureux, tout fier du succès qu'obtenaient ses hôtes. C'était avec le plus pur atticisme et la délicatesse la plus exquise qu'il se bornait à terminer cette causerie tour à tour instructive et brillante, toujours élégante, par le mot de la fin. Aussi, tout homme sachant tenir une plume et à qui il manquait un public intelligent pour mettre au jour les fruits de ses recherches, la fleur de ses inspirations venait-il, en général, demander une place à ce congrès mensuel. Artistes, poètes, professeurs, avocats, docteurs, érudits, savants, magistrats, prêtres même, qui n'avons-nous pas vu venir s'y asseoir? Le directeur aurait presque fait entendre le *compelle intrare* aux oreilles de toute jeune intelligence qu'il avait jugé digne de faire entrer dans son *Temple du Goût*. Ce zèle ardent, cet appel de néophyte ne l'empêchait pas d'être sévère dans son choix. Il était impitoyable pour les œuvres médiocres, méchantes de style, ou pauvres de pensée. En revanche sa satisfaction allait presque jusqu'à l'engouement lorsqu'il avait entrevu de hautes espérances dans le talent de ceux qu'il avait le premier encouragés et le premier mis en lumière. Non content de leur avoir ouvert, à grands battants, la porte de sa *Revue*, dans ses lettres, dans ses conversations, en famille, avec des amis, au cercle, il se plaisait à constater leur valeur. Dans sa joie, il eût été presqu'à rappeler l'enthousiasme de Lafontaine dans les jours où le *bonhomme* abordait ses connaissances, en leur demandant avant toute chose : Avez-vous lu Baruch ? — Et le Baruch du directeur était tel ou tel brillant esprit dont les lecteurs du midi, il faut bien l'avouer, ont connu et apprécié la valeur, grâce au son de cloche qu'il fit entendre, le premier et sans se lasser, autour de leur nom. Son dévouement à cet égard ne se borna point là. La *Revue de Toulouse*, dont il était partout si fier, lui semblait un théâtre trop restreint pour leur mérite. Alors, heureux de faire apprécier par d'autres les prémices qui le réjouissaient, et jaloux plus qu'eux-mêmes de la renommée de ces auteurs, il s'empressait de leur chercher une des plus grandes revues de Paris, où leur nom pût figurer avec plus de gloire en même temps que plus de profit. Dans ce but il écrivait spontanément aux directeurs de ces illustres publications et leur offrait généreusement les meilleurs travaux de ses propres rédacteurs, tant l'intérêt avait peu de prise sur cette généreuse nature ! tant ce cœur était toujours jeune et dévoué aux jeunes cœurs ! Mais non, son dévouement n'avait pas de préférences ; il était le même pour quiconque le méritait, anciens condisciples, anciens collègues, anciens élèves, ou bien jeunes connaissances et nouveaux arrivants, tous avaient part à sa bienveillance ; car la bonté était le fonds de sa nature, une bonté réelle et profonde et non une bonté d'épiderme. Bien différente elle était de celle des faux bonshommes, de ces généreux donneurs d'eau bénite de cour, de ces prodigues distributeurs de poignées de main ! Sa bonté avait la solidité du chêne, non la flexibilité du roseau. Elle avait la vertu favorite d'Alceste, la sincérité, l'amour de la vérité. Plus d'un Oronte éconduit — sans mielleuse flatterie, — dut le quitter en murmurant en lui-même :

Et moi, je vous soutiens que mes vers sont fort bons ?

La correction du langage, on le sait, était pour

lui chose sacrée. Il eût tout sacrifié, les relations les plus utiles, les collaborations les plus flatteuses, plutôt que de laisser passer une irrévérence envers la grammaire dans un article quelconque de cette *Revue*, dont la pureté lui tenait tout aussi à cœur que la blancheur de sa robe à la délicate hermine !

Plusieurs écrivains en renom, et de réelle valeur, furent touchés du soin qu'il prenait de leur signaler les négligences échappées. L'un des plus fins esprits de l'une des plus spirituelles villes de France, répondait par les lignes suivantes à des observations qui lui avaient été transmises par le directeur de la *Revue :*

Bordeaux, 20 juin, 1859.

« Cher directeur,

« Je suis bien moins indulgent que vous pour
« mes vers, et si je devais changer, dans la pièce
« que je vous ai dédiée tous ceux qui me pa-
« raissent défectueux, la liste des variantes serait
« longue, je vous le jure. — Mais, en vérité, ne
« serait-ce pas peine perdue, que de polir et de
« repolir des Alexandrins destinés à vivre un jour ?
« Ce qui ne m'empêche pas d'accepter avec re-
« connaissance les corrections que vous me pro-
« posez. Nul n'est plus docile que moi à la critique,
« surtout quand elle me vient d'un homme de
« goût, de savoir et d'expérience. Soyez donc assez
« bon pour remplacer, etc., etc. »

Un autre, poète aussi celui-là, et poète maître ès-jeux-floraux, se rendait moins facilement. Il défendait ses expressions fautives ou ses rimes défectueuses, en se retranchant derrière les licences pareilles que sa mémoire ornée lui faisait découvrir dans les grands génies du dix-septième siècle. Il tenait bon, parfois même, derrière ses propres retranchements. Il est intéressant de voir comme il se débattait.

« ..... *mors* et *mort*, dit-il, constituent une si
« opulente rime, que je ne me sens pas le cou-
« rage d'y toucher, et si l'œil est choqué de l's
« *d'armes*, l'oreille du moins n'en prend point d'a-
« *larme*. — J'avoue, et je reconnais avec vous,
« qu'aujourd'hui la critique est bien rigoureuse en
« ce qui concerne la rime : je suis le premier à
« sacrifier sur les autels de cette déesse jalouse ;
« pourtant il y a un terme à tout... *est modus*
« *in rebus ; certi sunt denique fines*, etc. ....
« . . . .
« Encore une fois merci, monsieur le directeur,
« pour vos conseils excellents, et grâce pour mes
« trop nombreuses citations. Je terminerai par
« celle-ci qui me vaudra peut-être le bénéfice de
« votre indulgence. Puisqu'en effet, vous trouvez
« quelque mérite dans mon poème, répétez alors
« avec le bon Horace :

« Ubi plura nitent in carmina non ego paucis
« Offendar maculis. »

Il en était d'autres, au contraire, qui plus libres

avec lui, invoquaient son appui pour redresser la
phrase boiteuse ou dégager la période alourdie.
Puisque j'en suis à révéler, le plus discrètement que
je puis, certains mystères de la direction d'une revue, écoutez ce qu'un de ses anciens élèves devenu
son ami, lui écrivait avec une verve charmante :

« Narbonne, 14 septembre 1860.

« Je vous envoie un avocat romain. Je vous prie
« de le recevoir poliment et agréablement. C'est un
« homme qui a beaucoup de défauts. Je suis son
« tailleur. Un habile maître m'avait bien appris
« le métier : mais je n'ai pas toujours profité de
« ses bonnes leçons. Ne vous étonnez donc pas que
« mon recommandé laisse quelque chose à désirer
« sous le rapport de la tenue. Je l'ai peut-être
« mal fagotté, et son accoutrement vous fera peur.
« Cependant je suis en paix avec ma conscience;
« je n'ai pas volé le drap, il y a tout ce qu'il faut
« pour faire l'habit, l'étoffe ne manque pas. Mais
« la coupe, les coutures, ah ! grand Dieu ! — Sur
« ce point, voici mon conseil : Si ce pauvre ro-
« main n'était pas présentable, il faut que vous
« l'aidiez à se produire dans le monde, sans qu'il
« y fasse trop mauvaise figure. — Pour cela il faut,
« si c'est trop large, le rétrécir, si c'est trop étroit,
« donner plus de longueur, s'il y a des taches,
« nettoyer et effacer, s'il y a des trous, rapiécer.

« En voilà une de métaphore ! En bon français
« je voulais vous prier de corriger et d'expurger
« le travail que je vous envoie, etc...

Je suis bien convaincu que c'est par pure modestie que cet aimable correspondant réclamait ainsi le secours du maître. Il ne fut nullement nécessaire de prendre d'autres ciseaux pour retoucher la toge de son avocat romain. Il n'y a qu'à voir comme il est lui-même vêtu et comme il est alerte et dégagé dans sa mise !

La travail du directeur n'était donc pas tout dans le soin à apporter au choix des articles qui devaient composer chaque livraison, il fallait faire face à une vaste correspondance dont les quelques fragments cités ne donne qu'une faible idée. Et dans ce rayonnement écrit, il s'agissait de féliciter les uns, de ne pas décourager les autres ; puis, de soutenir ceux qui luttaient depuis longtemps, de relever leur courage abattu ou de retenir leur fougue trop ardente. Plus encore ; non content d'avoir à rendre le style trop facile des brillants improvisateurs, de signaler à quelque poète, toujours un peu chatouilleux, l'endroit que l'on sent faible et qu'on veut se cacher, de chercher à faire percer les jeunes gens de mérite, le directeur de la *Revue*, ajoutait à son affection pour les vivants, un culte sincère pour les morts.

Pas un contemporain, en effet, ne disparaissait de la scène des Lettres ou de la lice des Arts sans que M. F. Lacointa ne prît la plume pour dire à ses lecteurs de saluer avec respect, d'honorer d'un regret, l'intelligence ou le cœur qui venait de nous quitter. Plus d'un a conservé son éclat de ces couronnes d'immortelles qu'il jetait ainsi sur les tombes sous lesquelles étaient allé reposer, tour à tour, les jeunes Georges Piou, Ferdinand Augé, Alfred de Pampignan, avec leurs fraîches espérances ; Benech, Blanchet, Dumège, Laferrière, Félix Borel, avec leurs travaux accomplis, leurs monuments édifiés; Eugène de Pradel, Jules de Rességuier avec leur verve toujours prête et leur grâce toujours juvénile !

La noble veuve du poète de Toulouse, de celui qui avait eu l'insigne honneur de faire partie du *Cénacle*, dans l'âge d'or de la poésie en ce siècle, fut tellement émue des regrets éloquents donnés par le directeur à l'esprit exquis qui venait de s'éteindre, qu'elle lui livra les manuscrits, laissés par lui, avec prière de les mettre en ordre et de publier un choix de ces œuvres posthumes. Lacointa s'en occupa avec une pieuse ardeur. Quand il eut mené à fin ce travail, madame la comtesse de Rességuier, inspirée par la délicatesse de son cœur, lui témoignait sa reconnaissance de la façon suivante : elle faisait remettre au directeur de la *Revue* l'écritoire du poète défunt, avec ce gracieux billet :
« Monsieur, nous sommes si touchés de l'affection
« que vous gardez à la mémoire de M. de Ressé-
« guier, que nous sommes sûrs qu'un souvenir de
« lui vous fera plaisir. Permettez-moi donc de pla-
« cer sur votre bureau l'écritoire qui était sur
« le sien et qui lui a servi à écrire ses dernières
« poésies. — Pour moi, monsieur, tout ce que

« vous avez écrit de lui restera dans mon cœur
« et vous assure pour toujours mon affectueuse
« reconnaissance.

       « MAC-MAHON, comtesse de RESSÉGUIER. »

Après un pareil hommage, s'il m'est permis à mon
tour d'oser montrer mon humble personnalité,
laissez-moi, ô maître, vous exprimer un de mes
plus vifs regrets : j'aurais désiré recevoir de vous
une seule de vos plumes trempées dans l'encre
de cet écritoire deux fois vénéré, n'eût-elle dû
servir qu'à m'aider à tracer avec un peu du talent dont vous étiez si généreux pour les autres,
les modestes pages que j'ai consacrées avec tant
de bonheur à votre mémoire.

FIN.

Imprimerie veuve Grillon, A. Terrisse et I. Fabre.